LA LÉGITIMITÉ

DEVANT LE

CATHOLICISME

PAR

G. VÉRAN

> L'inaltérable fidélité à l'orthodoxie, L'ALLIANCE INDISSOLUBLE DU SACERDOCE ET DES POUVOIRS PUBLICS, le zèle de l'apostolat et du protectorat catholique dans le monde entier : triple cachet de la vocation des Francs, et, par suite, *triple condition de leur prospérité ;* car les peuples, comme les individus, ne grandissent et ne durent qu'*en se conformant aux lois qui ont présidé à leur naissance et à leur formation première.*
>
> (Extrait de l'Homélie de Mgr Pie, évêque de Poitiers, sur la fête de saint Rémi.)

> La politique est la morale appliquée au gouvernement des peuples.
>
> (BOSSUET).

ANGERS

IMPRIMERIE-LIBRAIRIE GERMAIN ET G. GRASSIN

RUE SAINT-LAUD.

—

1880

LA LÉGITIMITÉ

DEVANT LE

CATHOLICISME

PAR

G. VÉRAN

> L'inaltérable fidélité à l'orthodoxie, L'ALLIANCE INDISSOLUBLE DU SACERDOCE ET DES POUVOIRS PUBLICS, le zèle de l'apostolat et du protectorat catholique dans le monde entier : triple cachet de la vocation des Francs, et, par suite, *triple condition de leur prospérité ;* car les peuples, comme les individus, ne grandissent et ne durent qu'*en se conformant aux lois qui ont présidé à leur naissance et à leur formation première.*
>
> (Extrait de l'Homélie de Mgr Pie, évêque de Poitiers, sur la fête de saint Rémi.)

> La politique est la morale appliquée au gouvernement des peuples.
>
> (BOSSUET).

ANGERS

IMPRIMERIE-LIBRAIRIE GERMAIN ET G. GRASSIN

RUE SAINT-LAUD.

—

1880

INTRODUCTION

Cette brochure a pour but de ramener bon nombre de catholiques au culte des principes qui sont l'unique sauvegarde de l'ordre social, tel que le divin auteur de l'Evangile a voulu le reconstituer sur les ruines du paganisme.

Nous prouverons que l'idée de droit, l'idée de légitimité universelle est le fondement des sociétés chrétiennes.

L'indifférentisme politique a causé bien des ravages dans notre pays. Depuis 1830, cette funeste erreur a porté la division au sein de la grande cause catholique et monarchique; la Révolution a séduit, en ce siècle d'expérimentations et de malentendus, bien des honnêtes gens, bien des hommes religieux et même des membres du clergé.

Nous avons, dans d'autres écrits, retracé l'histoire critique des partis qui divisent la France. Animé d'une conviction ardente autant que raisonnée, nous avons combattu la doctrine qui glorifie le succès, qui légitime le fait accompli, et que certains catholiques éminents eurent le malheur d'emprunter à l'école doctrinaire.

Nous n'avons pas, grâce à Dieu, à revenir sur ces douloureuses luttes.

Depuis dix ans, depuis les grands désastres de la France et la chute de l'Empire, des évènements également providentiels et la persécution religieuse de l'heure actuelle, ont ramené à la foi et à la raison monarchiques bien des esprits qui s'étaient trompés sur les conditions de l'ordre et de la liberté. Nous avons entendu de nobles professions de foi; nous avons vu dans tous les camps des conversions sincères dans le sens de nos idées.

Le fond de la société se renouvelle en dépit des sophismes révolutionnaires qui en bouleversent la surface. Les honnêtes gens, les hommes d'intelligence et de cœur égarés dans les partis de révolution, reviennent peu à peu, à la lumière des faits inouïs dont nous sommes les témoins et les victimes, au culte des principes traditionnels qui ont constitué notre patrie.

La raison leur démontre que la Révolution n'a jamais été que la négation des vérités nécessaires à la vie de la France ; que tous les partis issus de la Révolution se reconnaissent à ce signe qu'ils ne peuvent triompher quelque temps qu'aux dépens de l'ordre, de la religion et de la liberté ; qu'il faut une règle fixe pour la constitution et la transmission du pouvoir et pour que la liberté ne dégénère pas en anarchie ; que cette règle fondamentale, cette loi de stabilité, reconnue et appliquée pendant une longue suite de siècles, a fait de la France la première nation du monde ; la raison leur démontre que cette loi est nécessaire pour *mettre le droit sur le trône afin qu'il soit partout*, selon l'heureuse expression de M. Guizot ; que si la légitimité, obligeant tout chrétien en conscience, n'existe pas en faveur d'une dynastie, si la révolte de 1792 a pu avoir le droit de nier le droit national, de tuer le Roi et d'abolir la Royauté malgré les mandats impératifs de la nation consultée par Louis XVI ; si le droit monarchique, ce patrimoine de la France, dont Monsieur le comte de Chambord est le dépositaire, n'est plus rien ; si la table rase de la négation athée doit être respectée, alors toutes les révoltes passées et futures sont légitimées, toute base manque à l'ordre social, toutes les factions, tous les partis, tous les ambitieux ont le droit d'escalader le pouvoir et, pourvu que la révolte se change en révolution heureuse, tout tribun peut devenir despote, toute utopie peut devenir légale et s'imposer par le droit de la force chez un peuple privé de la force du droit.

Telles sont en effet les dernières conséquences de cet indifférentisme politique que nous avons si longtemps combattu et que nous venons combattre encore par le présent écrit.

La République, comme l'Empire, comme l'Orléanisme, est, en France, une des formes de la Révolution, car elle découle du sophisme qui est le renversement de l'ordre social, de la souveraineté révolutionnaire du peuple que la saine raison condamne avec l'Eglise.

Nous admettons avec l'Eglise que la soumission extérieure à la légalité révolutionnaire, au pouvoir établi en violation du droit est une obligation pour le clergé et pour tout catholique, et que l'insurrection doit être condamnée ; mais que cette soumission ne doit pas entraîner l'adhésion du for intérieur : l'honneur, la fidélité et le respect n'étant dus qu'à la puissance de droit.

Cette distinction fondamentale nous paraît avoir été trop éloignée de l'esprit qui a inspiré la rédaction de la déclaration soumise aux congrégations religieuses. On sait, aujourd'hui, que M. de Freycinet, protestant et ministre d'un gouvernement athée, en a eu la pensée première ; que dans la rédaction définitive l'autorité ecclésiastique n'a vu, comme le déclare le journal l'*Aurora* de Rome, qu'une soumission à la légalité qui nous régit ; ce qui est commun aux congrégations et à tous les citoyens français ; on sait aussi que l'autorité ecclésiastique n'a donné aucun ordre aux congrégations. Ces faits atténuent beaucoup la portée doctrinale du document. Il n'en est pas moins vrai que les mots de *respect aux institutions actuelles* adressés à un gouvernement qui persécute la religion, ainsi que le passage où il est dit que *le but moral et spirituel que poursuivent les congrégations ne leur permet pas de se lier exclusivement à aucun régime politique ou d'en exclure aucun*, au moment même où l'on s'engage par une *soumission respectueuse* à l'égard de la forme républicaine, tout cela a paru à la presse catholique et royaliste de France de nature à répandre dans l'esprit des masses cet indifférentisme politique dont nous voyons les tristes résultats dans les abstentions électorales qui font triompher les minorités radicales.

Les républicains francs-maçons qui sont au pouvoir savent comme nous, comme tout le monde, que les congrégations religieuses, en tant que congrégations, n'ont jamais fait de politique, et que les religieux sont, comme tous les citoyens français, soumis à la légalité, à la constitution révisable. Si la déclaration n'avait dit que cela, elle aurait pu garder son caractère d'inutile engagement envers un pouvoir qui ne s'engage à rien, ou plutôt qui n'est engagé qu'à réaliser *lentement et sûrement* le programme dirigé par les sociétés secrètes contre l'Eglise et la civilisation générale, mais enfin la déclaration, dans sa teneur, n'eût pas soulevé les mêmes critiques.

L'*Union* de Paris a eu raison de s'écrier :

« Pourquoi les congrégations assureraient-elles « de leur considération distinguée » le gouvernement qui les a proscrites, qui a crocheté des serrures de couvents et qui, par l'organe de son chef suprême, s'est écrié : Le *cléricalisme*, voilà l'ennemi? Depuis quand la politesse oblige-t-elle les victimes à donner aux bourreaux des témoignages d'estime et de respect? Le César de Belleville aurait-il la prétention de nous ramener aux temps où cette formule retentissait dans le cirque : *Ave, Cœsar, morituri, te salutant?* »

Le fait d'une déclaration quelconque pour s'attirer les bonnes grâces de la République, quand on sait qu'il n'y a rien à attendre du régime actuel basé sur l'athéisme, et quand les Jésuites sont impitoyablement frappés, quand la proscription s'étend sur toutes les écoles des Frères, ce fait d'une déclaration qui nous montre les congrégations comme cherchant à se réfugier dans une sorte d'indifférentisme politique, pour sauver une situation qui ne peut être sauvée que par le triomphe de la monarchie chrétienne, nous paraît être une concession dangereuse.

Deux cents magistrats n'ont pas craint de sacrifier leur position pour protester en faveur de la liberté religieuse, et l'on fait signer une déclaration de respect au gouvernement qui frappe cette liberté !

Nous avons cru voir dans la pensée qui a dirigé, en France, les négociations, relatives à cette *soumission respectueuse*, comme un écho lointain des doctrines professées sur les *devoirs du clergé dans la politique*, par Monseigneur Guilbert, ancien évêque de Gap, aujourd'hui évêque d'Amiens.

Si, comme nous le prouverons dans ce travail, que nous soumettons respectueusement à la bienveillante attention de NN. SS. les évêques, du clergé et des catholiques de France, la République est, en France, une forme de la Révolution condamnée par l'Église, parce qu'elle est la négation de toute autorité divine et humaine ; si, disons-nous, la République est l'application de la souveraineté révolutionnaire du peuple professée par Jurieu et J.-J. Rousseau, nous ne nous expliquons pas comment Monseigneur Guilbert a pu écrire dans une lettre à un sénateur, en juin 1879, ces paroles à l'appui de *sa lettre pastorale sur les devoirs du clergé :*

« L'établissement d'une République unitaire en France est très difficile à cause de l'étendue géographique de notre pays, des traditions de notre nation et surtout de la légèreté du caractère français. Cependant un semblable dessein aurait pu réussir, s'il avait été conçu et conduit par des hommes sincèrement et profondément religieux. C'est le contraire qui est toujours arrivé (1).

. . . .

« Il est donc clair que le régime républicain n'a absolument rien, en soi, de suspect pour l'Église, et que prétendre le contraire, c'est la calomnier indignement, en même temps que nier l'évidence.

---

(1) Le contraire doit toujours arriver ; la négation de nos traditions religieuses et politiques appellera toujours au pouvoir les hommes qui la personnifient. La République appelle les athées, la Monarchie appelle les hommes religieux ; la raison et l'histoire le prouvent. G. V.

« Mais si les diverses formes politiques lui sont indifférentes ; si l'Eglise agrée avec la même bienveillance et le même amour tous les régimes, si elle prie pour eux et désire s'entendre avec eux dans l'intérêt et pour le bien des peuples, il peut arriver, sans doute, que la République, comme la Monarchie, lui soit hostile et la persécute. Cela s'est malheureusement trop vu dans le passé, sans qu'il y ait eu profit pour personne ; car non-seulement les gouvernements n'y ont jamais rien gagné, mais souvent y ont beaucoup perdu.

. . . .

« Et cependant nous ne cessons d'espérer ; nous espérons de la République elle-même, parce que si Dieu lui permet de vivre, ce ne sera qu'à la condition d'être chrétienne. »

Ainsi, Monseigneur Guilbert ne dit pas à la République : tu es le résultat d'une insurrection criminelle ; tu n'existes pas en vertu d'un droit public traditionnel, comme en Suisse ou aux États-Unis ; tu ne peux faire le bien, parce que tu es la violation du droit ; nous te subissons par respect pour l'ordre matériel et pour éviter un plus grand mal qui naîtrait de la guerre civile ; mais nous réservons nos respects et notre amour, l'honneur et la fidélité au droit traditionnel consacré par les lois fondamentales de la Monarchie, laquelle n'a pas cessé d'être légitime en France, comme elle ne cessa jamais de se glorifier du titre de *Fille aînée de l'Église*... Non, Monseigueur dit à la République : Tu peux être chrétienne, l'*Église agrée avec la même bienveillance et le même amour tous les régimes, nous espérons en toi !*...

Voilà ce qu'on dit ! Quoi d'étonnant que les masses électorales votent pour les républicains que nous voyons à l'œuvre, quand l'exemple leur est donné de si haut en faveur du régime qui a déclaré la guerre à l'Église !

En dépit de la raison et de l'histoire, on dit au peuple catholique que l'Église peut être également persécutée sous tous les régimes, que la République peut se fonder en France, et que ce régime dont l'origine plonge dans les horreurs de 1793, inspire à l'Église le même amour que la monarchie de saint Louis et d'Henri V !... Quoi d'étonnant que l'indifférentisme politique envahisse les masses populaires et nous fasse descendre toutes les pentes du programme radical ?

Monseigneur d'Amiens ne comprend pas que la presse catholique unisse, dans une même défense, la cause de l'Église et celle de la Royauté légitime, dont la Providence a visiblement voulu l'union dans nos quatorze siècles d'histoire... Mais Monseigneur devrait voir l'explication de cette attitude dans cet autre fait éclatant qui nous montre la Révolution et ses sectaires confondant toujours dans une même haine le catholicisme et la légitimité.

Toutes les vérités se tiennent comme toutes les erreurs ; et à la négation radicale, on ne peut opposer que l'affirmation courageuse de la vérité complète.

Les évènements auxquels nous assistons apportent une démonstration foudroyante à l'appui de notre thèse.

Nous venons répondre, par un examen des doctrines soutenues, en diverses circonstances, par Monseigneur Guilbert, à l'appel que ce Prélat adresse lui-même aux légitimistes et aux catholiques de France, quand il dit dans la *lettre à un sénateur :*

« On n'a jamais osé attaquer de front ma thèse incontestable. »

La question est de celles qu'un laïque a le droit de traiter ; nous y apporterons tout le respect dû à l'autorité ecclésiastique et notre profond dévouement pour la vérité méconnue.

G. VÉRAN.

Angers. 14 septembre, fête de l'Exaltation de la Sainte-Croix.

LA LÉGITIMITÉ

DEVANT

LE CATHOLICISME

L'inaltérable fidélité à l'orthodoxie, L'ALLIANCE
INDISSOLUBLE DU SACERDOCE ET DES POUVOIRS
PUBLICS, le zèle de l'apostolat et du protectorat
catholique dans le monde entier : triple cachet de
la vocation des Francs, et, par suite, *triple condition de leur prospérité ;* car les peuples, comme
les individus, ne grandissent et ne durent qu'*en
se conformant aux lois qui ont présidé à leur
naissance et à leur formation première.*

(Extrait de l'Homélie de Mgr Pie, évêque de
Poitiers, sur la fête de saint Rémi.)

CHAPITRE PREMIER.

LES TERMES DE LA QUESTION.

I.

Ce ne fut pas sans un vif sentiment de tristesse que nous lûmes, il y a quatre ans, une lettre pastorale de Monseigneur Guilbert, évêque de Gap, aujourd'hui évêque d'Amiens, *sur les devoirs du clergé dans la politique*, ainsi que plusieurs lettres adressées aux journaux la *Défense*, le *Monde* et le *Français*. Nous y découvrîmes la doctrine de l'*indifférence en matière politique* qui, depuis 1830, avait conduit les chefs de l'ancien parti catholique à accepter les faits accomplis, c'est-à-dire à légitimer tour à tour, au nom des seuls intérêts religieux, les divers régimes de révolution qui se succédaient au milieu de nous.

Notre tristesse fut partagée par toute la presse royaliste si courageuse, si constante dans sa fidélité à défendre, en ces temps de révolution, la religion et tous les principes de l'ordre social.

On vient dire aux catholiques royalistes, soutiens imperturbables et désintéressés du droit, aux apôtres de toutes les grandes causes persécutées, de toutes les légitimités divines et humaines : Vous avez compromis la religion et le clergé en appuyant le trône à l'autel ; les opinions politiques, les partis en lutte, les régimes divers sont indifférents aux yeux de l'Église ; on peut être catholique, dans le grand sens du mot, en soutenant, en glorifiant, en servant l'usurpation orléaniste, l'usurpation napoléonienne, l'usurpation républicaine ! *Il y a une religion orthodoxe, il n'y a pas de politique orthodoxe.* Et tout régime, empire, orléanisme, république, peut, en France, vivre et subsister, ayant pour bases les vérités sociales éternelles !....

Comme si l'erreur pouvait avoir la vérité pour base !

Et cela est dit après les providentiels enseignements qui ont épouvanté nos temps et montré la condamnation divine au-dessus des expérimentations d'une politique athée !

La thèse soutenue par Monseigneur Guilbert n'est pas nouvelle pour nous ; nous l'avons eue souvent en face depuis 1848 jusqu'en 1870, comme elle avait été en face de nos illustres maîtres Genoude et Lourdoueix, depuis 1830 jusqu'en 1848 : c'est la thèse de l'indifférentisme politique, contredite çà et là, dans le mandement de Monseigneur Guilbert, par de grandes vérités qui justifient pleinement nos doctrines de droit national traditionnel et de légitimité universelle.

Cette doctrine de l'indifférentisme politique a été la plus grave atteinte portée au sens moral du peuple français, en ce siècle d'épreuve, par l'ancien parti catholique, aujourd'hui, grâce à Dieu ! entièrement rallié à la cause de la monarchie chrétienne.

La démocratie socialiste de 1848 est née de la lésion faite en 1830 à la cause du droit national de la monarchie traditionnelle. L'acceptation du fait révolutionnaire de juillet par le parti catholique a paru consacrer aux yeux du peuple cette usurpation de famille qui semblait justifier d'avance, par la violation de la loi fondamentale de l'hérédité, la violation de l'hérédité dans la propriété, selon la doctrine soutenue par Fénelon.

La logique révolutionnaire, à défaut du bon sens des soi-disant conservateurs, a montré, depuis, l'évidence de cet axiome que *toutes les vérités se tiennent comme toutes les erreurs.*

II.

Nous allons citer les passages les plus importants de la lettre pastorale de Monseigneur Guilbert : ils suffisent pour justifier nos appréciations.

. . . .

« D'abord il est incontestable que les diverses formes gouvernementales n'ont rien d'absolu. Dues aux accidents du temps, elles sont, de leur nature, variables ; elles changent, se modifient, se succèdent selon les circonstances où vit un peuple, selon son degré de civilisation, selon son caractère et son tempérament.

» Aussi est-ce ce qui importe le moins à l'Eglise, qui n'a jamais fait et ne fera jamais un dogme de la monarchie ou de la république.

» Ce n'est pas, certes, pour la première fois qu'elle entend parler de ces différents systèmes politiques; elle sait ce qu'en ont dit les philosophes anciens, elle sait surtout avec quelle largeur de vue en ont traité ses grands docteurs, ses profonds théologiens, comme saint Thomas d'Aquin, Suarès...., dont on ignore trop aujourd'hui la noble indépendance dans ces questions libres laissées à la dispute des hommes.

» L'Eglise ne proscrit ni n'adopte de préférence aucun régime ; elle s'accommode à tous sans distinction ; elle a vécu sous des monarchies héréditaires et électives, absolues et constitutionnelles, sous des aristocraties féodales, sous des républiques oligarchiques et sous des républiques populaires. Partout elle a cruellement souffert ; sous toutes les formes de gouvernement, elle a souvent rencontré l'injustice et d'indignes persécutions, et quelquefois aussi la paix et la liberté.

» Que l'on considère, à l'heure présente, ce qui se passe sur le globe, où se rencontrent tous les régimes politiques avec leurs nuances diverses. Evidemment l'Eglise peut y être respectée, protégée même ; elle peut y être libre, comme elle peut y être opprimée, privée injustement de ses droits, n'y avoir plus une place au soleil.

» C'est donc une grande erreur et une erreur funeste que de prétendre l'inféoder à une forme quelconque de gouvernement ; mais, pour le prétendre, il faut ignorer l'histoire.

» Toute la politique de l'Eglise s'est toujours résumée dans la parole évangélique : « Rendez à César ce qui appartient à César et à Dieu ce qui appartient à Dieu. » Evidemment, c'est à Dieu que nous nous devons avant tout, car « il vaut mieux obéir à Dieu qu'aux hommes, » répondaient les martyrs à leurs persécuteurs. Mais après Dieu, César ! Or, César c'est tout gouvernement d'un pays, quelle qu'en soit la forme. Certes, quand Jésus-Christ formulait dans cette sublime concision, son enseignement divin, César s'appelait Tibère, et lorsque le grand apôtre demandait « que toute âme soit soumise aux puissances supérieures, » César était Néron. »

. . . .

« Mais arrêtons-nous seulement à notre époque contemporaine. A partir de la fin du siècle dernier, qu'a fait l'Eglise en face de nos révolutions si fréquentes et de chaque gouvernement qui en est sorti ?

» Après la première et la plus effroyable de ces révolutions, où l'on avait cru éteindre dans le sang la royauté avec ses gloires séculaires, dès que les jours de la Terreur furent passés et que l'ordre commença à reparaître, nous voyons Pie VII s'entendre avec le premier consul et signer le concordat qui est encore notre loi religieuse ; et, quelques années plus tard, le grand Pontife vint lui-même à Paris sacrer empereur l'héroïque soldat.

» Quand l'Empire est tombé sous-le poids de ses victoires et de ses fautes, personne, à coup sûr, ne dira que la Restauration ait rencontré de l'opposition de la part de l'Eglise. Le gouvernement constitutionnel qui suivit eut-il davantage à se plaindre d'elle ? Refusa-t-elle de le reconnaître et de traiter avec lui ?

» En 1848, sous le nouveau régime que se donnait la France, vit-on se manifester entre notre gouvernement et l'Eglise la moindre hostilité ? Mais c'est sous la République que l'Assemblée constituante vota l'expédition de Rome pour ramener le Pape dans ses Etats !

» Le second empire était à peine fondé que les meilleurs rapports s'établirent entre le Saint-Siège et la nouvelle dynastie, à laquelle Pie IX a voulu même donner le plus haut témoignage de sa bienveillance en acceptant d'être le parrain du prince impérial.

» Enfin, depuis cinq ans, l'Eglise, le Pape, ont-ils attaqué, attaquent-ils notre régime actuel ? Les rapports du Saint-Siège avec la France ont-ils changé depuis que nous sommes en république ? Non, c'est toujours des deux côtés la même entente, les mêmes sympathies, fortifiées encore par nos communs revers.

» Nous avons tenu à établir par les faits que l'Eglise ne réprouve ni ne condamne aucune forme de gouvernement. Tous les régimes, en effet, peuvent être bons, excellents selon la manière dont ils fonctionnent, comme aussi tous peuvent devenir mauvais et détestables ; mais en soi, de leur nature, ils n'ont absolument rien de répréhensible.

» Et comment l'Eglise pourrait-elle les condamner et marquer même de la préférence pour l'un plutôt que pour l'autre ? Elle est chargée depuis dix-huit cents ans, et jusqu'à la consommation des siècles, de porter l'Evangile à toutes les nations de la terre, et, évidemment, sans distinction de formes gouvernementales. Elle a prêché et continue de prêcher à tous la vérité éternelle, l'ordre et la justice, qui sont, à coup sûr, et doivent être de tous les régimes. Combien donc ne doit-elle pas prendre de précautions pour ne pas briser à ces accidents du temps et de l'espace le vase précieux qu'elle tient dans ses mains et qui renferme, avec le salut du monde, tous les éléments de la vraie civilisation !

» Mais aussi, messieurs, quelle imprudence pour un catholique, prêtre ou laïque, de vouloir lier, identifier la religion à un système, à une forme quelconque de gouvernement ? N'est-ce pas compromettre indignement l'Eglise et le clergé, en même temps que c'est soutenir une flagrante erreur ? »

. . . .

« C'est un fait que, toutes les fois qu'on a pu croire le clergé mêlé à un parti politique, il n'a jamais manqué d'en rencontrer les adversaires devenu les siens. Que l'on se souvienne de 1830 ; des haines et de toutes les manifestations auxquelles furent en butte nos prêtres français, et qui ne leur permettaient même plus de sortir en soutane dans les rues de nos grandes villes.

» La cause, la grande cause, selon nous, en est trop bien connue. Des hommes, assurément respectables et animés des meilleures intentions, avaient cru bon d'identifier la politique à la religion. Ils voulaient, disait-on, souder le trône à l'autel et l'autel au trône. Mais alors, quand s'écroule le trône soudé à l'autel, l'autel en est lui-même nécessairement ébranlé.

. . . .

» Eh bien ! nous l'avouerons franchement, ce n'est pas sans inquiétude et sans une peine profonde que nous avons vu, ces dernières années, certains journaux, soi-disant catholiques avant tout, attacher à leur catholicisme un drapeau de parti. Sans doute, ils ne disent pas en termes exprès que, pour être un bon chrétien, il faille absolument embrasser leurs opinions, mais cela ressort trop de leur polémique ardente, et leurs lecteurs habituels le devraient naturellement conclure.

» Or, la conséquence, il était facile de la prévoir et de la prédire sans être prophète, la conséquence c'est une réaction anti-religieuse, c'est à l'heure présente, un soulèvement de haines injustes contre l'Eglise, la guerre au cléricalisme, comme on l'appelle, c'est-à-dire contre tout le clergé, que l'on suppose à tort partager les idées extrêmes, les exagérations de ces imprudents journalistes. Car, à une époque de divisions et de luttes telle que la nôtre, en présence de plusieurs régimes de gouvernement qui ont chacun leurs partisans passionnés, n'est-il pas évident que si, au nom de la religion, vous en proclamez un à l'exclusion des autres, vous soulevez infailliblement contre vous les partisans de ces derniers et, ce qui est bien plus déplorable, contre la religion elle-même. »

. . . .

III.

Il est de notre devoir de publiciste chrétien de rétablir la vérité là où cette vérité nous paraît amoindrie ou méconnue. La lettre pastorale de Monseigneur Guilbert a eu, en son temps, grâce aux éloges avec lesquels l'accueillirent tous les organes de la Révolution, l'importance d'un évènement. Quelqu'imparfaitement qu'elle ait été reproduite et connue d'abord, la thèse de Monseigneur Guilbert a été saisie comme d'instinct par les ennemis de l'ordre social et de l'opinion royaliste dont le programme est la consécration de tous les principes, de toutes les vérités éternelles niées par la révolution athée.

La révolution ne s'y trompa point : elle vit, dans les extraits reproduits par les journaux, non les vérités qui la condamnent, mais la doctrine qui la justifie, surtout dans ses manifestations *moyennes* telles que le bonapartisme et l'orléanisme. Elle a vu le niveau d'une égalité systématique passé au nom de l'Église, non sur des théories arbitraires ou des formes gouvernementales considérées *in abstracto*, mais bien sur les régimes qui se sont succédé en France depuis 1789 et sur les diverses opinions ou partis qui divisent notre malheureux pays. L'Église accepte tout, bénit tout, ne condamne rien. Elle ne distingue pas, dans la direction des consciences, les pouvoirs de fait des pouvoirs de droit. Louis XVI, la première république, le consulat, l'Empire de Napoléon Ier, la Restauration, Louis-Philippe, la deuxième république, le deuxième Empire surtout, la république de septembre, tout cela est indifféremment accepté, béni, reconnu par l'Église comme ayant droit à notre obéissance, à notre soumission intime au nom des prescriptions de notre Seigneur Jésus-Christ et de saint Paul ! !

Dans la lettre pastorale de Monseigneur Guilbert, il n'est question ni d'usurpation, ni de légitimité, la question de droit n'est pas soulevée. Comment le serait-elle, puisque tous les régimes, tous les pouvoirs de fait sont des pouvoirs de droit ? Une part égale est faite à tous les gouvernements qui se sont succédé en France depuis 1789 jusqu'à nos jours. Le droit public, les lois fondamentales du pouvoir et de la liberté, ces lois dont Bossuet a dit que *tout ce qui se fait contre elles est nul de soi*, ne sont pas plus mentionnées que les usurpations et les spoliations révolutionnaires. Le pouvoir de Napoléon Ier nous apparaît comme légitimé par le sacre, comme le pouvoir issu du sanglant coup d'État de 1851 nous apparaît, dans la lettre pastorale de Monseigneur de Gap, comme légitimé par la mansuétude de Pie IX acceptant d'être le parrain du fils de Napoléon III !

Avouons-le respectueusement, nous n'avions jamais vu soutenir la doctrine du fait accompli et de la légitimité du succès avec autant d'ampleur et de netteté !

Et l'on invoque l'histoire contemporaine pour nous prouver que l'Église peut triompher, jouir de toute sa liberté divine sous quelque régime que ce soit ! On oublie la fidélité quinze fois séculaire de la Royauté, fille aînée de l'Église ; on oublie que dès que cette royauté fut enchaînée victime des factions, apparut *la constitution civile du clergé ;* on oublie Savone et Fontainebleau où l'homme du sacre emprisonna la Papauté pour la déshonorer ; on oublie la résurrection de la foi catholique sous la Restauration, la *protestantisation* de la France sous le régime de Juillet ; on oublie la spoliation de la Papauté, la persécution de la société de Saint-Vincent-de-Paul et l'exaltation officielle de la Franc-maçonnerie sous le règne de Napoléon III !

Monseigneur Guilbert oublie enfin que les mains sacrilèges qui brisèrent les croix après 1830, n'avaient renversé le trône légitime que parce que, depuis de longs siècles, la royauté chrétienne avait soutenu la Croix et propagé son règne à travers le monde.

L'admirable évêque de Poitiers a paru répondre aux douloureuses préoccupations de la presse catholique et royaliste, quand il a prononcé ces remarquables paroles :

« L'inaltérable fidélité à l'orthodoxie, l'ALLIANCE INDISSO-
» LUBLE DU SACERDOCE ET DES POUVOIRS PUBLICS, le zèle de
» l'apostolat et du protectorat catholique dans le monde entier :
» triple cachet de la vocation des Francs, et par suite *triple con-*
» *dition de leur prospérité ;* car les peuples, comme les indi-
» vidus, *ne grandissent et ne durent qu'en se conformant aux*

» *lois qui ont présidé à leur naissance et à leur formation*
» *première.* »

Ces belles et profondes paroles, que le parti catholique
devrait méditer, consacrent toute la doctrine légitimiste. Oui,
répétons-le, sauf à y revenir encore s'il le faut, la Révolution a
confondu dans sa haine la Royauté traditionnelle et l'Église
catholique, parce que la Royauté réalisait et pouvait seule
réaliser ces trois conditions de la grandeur française dont parle
Monseigneur de Poitiers.

Oui, en effet, nier la nécessaire alliance de la légitimité politique, qui est la loi morale appliquée au gouvernement des
peuples, avec l'Église, avec le catholicisme qui est l'universalité
dans la vérité, c'est rendre l'Église indifférente à l'ordre naturel
et divin des sociétés ! Mettre sur le même rang *les lois qui ont
présidé à la naissance et à la formation première de la nation
française*, et la légalité sortie des expérimentations constituantes
de la Révolution, c'est méconnaître la providentielle mission de
la France, c'est repousser les moyens humains voulus de Dieu
pour propager la vérité et assurer le triomphe de son Église,
comme le prouve l'histoire, comme le prouveront, avec des
clartés apocalyptiques, les grands événements par lesquels ce
XIXe siècle finira.

IV.

Nous montrerons qu'il y a une politique orthodoxe parce qu'il
y a une politique fondée sur le Décalogue et sur la morale chrétienne; parce qu'il y a une politique dont les principes sont les
principes mêmes de l'ordre établi de Dieu pour la conservation
et le salut des sociétés; qu'il y a une politique orthodoxe parce
que l'Église prescrit l'obéissance intime à l'égard des puissances
de droit, et qu'elle n'exige qu'une obéissance purement extérieure à l'égard des puissances de fait. Et nous appuyerons cette
doctrine de légitimité universelle sur l'autorité des grands apologistes chrétiens, des papes et des conciles.

CHAPITRE II.

ORIGINE DE L'AUTORITÉ.

I.

Bien des questions graves et qui demanderaient de longs déve-loppements historiques ou de longues dissertations sont soule-vées dans la lettre pastorale de Monseigneur Guilbert. Il faut nous borner et ne relever que les points essentiels. Il y a là avons-nous dit, des vérités utiles : nous en ferons profiter la cause des principes que nous servons et défendons avec une indépendance entière et, nous le disons sans crainte d'être démenti, avec une absolue bonne foi.

Nous pensons que Monseigneur Guilbert aurait écrit un mande-ment qui eût été accepté et loué de tous les catholiques et de tous les royalistes de France, même des hommes honnêtes de tous les partis, s'il se fût borné à développer rigoureusement et scientifiquement ces belles paroles qui servent comme d'intro-duction à sa lettre pastorale :

« Dans les temps troublés que nous traversons, on a beaucoup parlé de séparer la Religion de la politique, l'Eglise de l'Etat, comme s'il était possible à un Etat, à un peuple *de vivre sans religion et sans Dieu, comme si la politique* POUVAIT ÊTRE SÉPARÉE DE LA MORALE dont la religion est la basse nécessaire.

» Il est vrai, toutefois, que, sur ce terrain brûlant de la poli-tique, le prêtre ne doit jamais s'engager qu'avec une extrême mesure et beaucoup de précaution, en distinguant bien ce qu'il y a de *relatif* dans les choses et ce qu'il y a d'*essentiel*. »

Là tout est vrai ; tout peut et doit être accepté parce que tout peut se démontrer à la triple lumière de la révélation, de la rai-son et de l'histoire. C'est même en nous maintenant sur ce ter-rain, en ne séparant pas la politique de la morale et de la religion que nous comptons exposer respectueusement au véné-rable auteur du mandement, la doctrine traditionnelle de l'opi-nion royaliste en France au sujet des propositions controversables que ce même mandement contient.

Il y a plus, la seconde partie de la lettre pastorale de Monseigneur Guilbert débute par ces autres paroles qui, rapprochées de celles que nous venons de citer, résument admirablement la thèse que nous opposons aux propositions controversables de Monseigneur Guilbert.

Nous citons :

« Mais, s'il est en politique des opinions libres laissées à la dispute des hommes, il y a aussi, messieurs, *des vérités qui s'imposent à toute conscience humaine, des principes essentiels* qui sont la base de tout gouvernement, quelle qu'en soit la forme, et sans lesquels il ne saurait vivre ni subsister. Or, *c'est le droit imprescriptible et le devoir de l'Église de rappeler ces vérités et de les défendre.*

» *La société,* comme la famille *est d'institution divine !* C'est Dieu lui-même qui l'a faite et qui la veut, à coup sûr, bien ordonnée, dans l'intérêt de tous, et selon les règles de *l'éternelle vérité et de l'éternelle justice.* De là résulte évidemment pour chacun des membres, *quelle que soit la place qu'il y occupe, des devoirs nécessaires, des sacrifices,* tous les dévouements du patriotisme. »

Nous venons prouver qu'on ne peut doctrinalement être parfait catholique sans être légitimiste, précisément parce que, comme le veut Monseigneur Guilbert, *on ne doit pas séparer la politique de la morale dont la religion est la base,* parce qu'il est en politique *des vérités qui s'imposent à toute conscience humaine,* et que de ces *règles de l'éternelle vérité et de l'éternelle justice, il résulte pour chacun des membres* du corps social, quelle que soit la place qu'il y occupe, *des devoirs nécessaires, des sacrifices, tous les dévouements du patriotisme.*

Si Monseigneur Guilbert avait rigoureusement déduit les conséquences logiques des principes posés dans ces textes de sa lettre pastorale, il serait arrivé à cette thèse qui est la nôtre : puisque, selon la définition de Bossuet, *la politique est la morale appliquée au gouvernement des peuples,* il doit y avoir une politique chrétienne, une politique voulue de Dieu pour servir d'instrument humain à la propagation de la vérité religieuse, une politique conforme au Décalogue et à l'Évangile, consacrée par l'Église et, en un sens, orthodoxe. Or, cette politique ne peut être que celle qui a pour base la justice, pour dogme social la triple légitimité de Dieu, du pouvoir public et du peuple, politique du devoir qui garantit tous les droits... Et Monseigneur Guilbert n'eût pas désapprouvé l'attitude des feuilles catholiques royalistes se vouant à la défense courageuse de cette politique et employant tous les moyens légaux pour y ramener la France égarée par les expérimentations de la révolution athée.

Monseigneur Guilbert aurait vu que cette presse catholique et royaliste, en se soumettant, par respect pour l'ordre matériel, à la légalité qui pèse sur la France, savait distinguer ce qu'il y a de *relatif* de ce qu'il y a *d'essentiel* dans les choses de la politique. Le relatif, c'est la légalité, l'essentiel, c'est la légitimité. La légitimité (ce qui est intime à la loi divine) fondement de l'ordre social, est élevée, par nous au-dessus de la légalité du fait accompli. A l'une, soumission dans le for intérieur, selon les préceptes de l'Église; à l'autre, soumission extérieure, selon l'exemple des premiers chrétiens et des martyrs de tous les temps.

Telle est la doctrine des Pères, des apologistes, des Papes et des conciles.

Notre immortelle Jeanne d'Arc, la grande martyre, périt victime de son dévouement à la triple cause de l'Église, du Roi et du Peuple. Jeanne d'Arc ne sépara jamais la cause de la légitimité royale de la cause de Dieu, et l'Église, si elle élève un jour la glorieuse Pucelle sur ses autels, couronnera cette mission sublime, la donnant comme exemple au monde nouveau, à la société française restaurée par le Christ.

II.

Nous allons fixer certains points de doctrines sur lesquels les catholiques, prêtres et laïques, doivent être d'accord, et établir certains principes que nous croyons inattaquables, parce qu'ils sont ces mêmes vérités, ces règles de l'éternelle justice qui s'imposent à toute conscience humaine.

Et, d'abord, quelle est l'origine, quelle est la source première de l'autorité ?

Autorité, signifie ce qui vient de l'*auteur* : l'autorité vient de Dieu, auteur de toutes choses.

Monseigneur Guilbert cite cette grande parole de l'apôtre saint Paul :

« Que toute âme soit soumise aux puissances supérieures, dit l'apôtre ; car il n'y a point de puissance qui ne soit de Dieu, et toutes les puissances de la terre sont ordonnées de Dieu. Celui donc qui résiste aux puissances résiste à l'ordre de Dieu, et ceux qui résistent attirent sur eux la condamnation. »

Ces paroles seules suffiraient pour prouver la vérité de la doctrine légitimiste, car ce qui est *ordonné* de Dieu, ne peut être ordonné que selon la justice éternelle et le droit. Ces paroles suffiraient seules à prouver qu'il y a une politique chrétienne et, pour ainsi dire, orthodoxe, puisqu'il y a une politique fondée sur la parole même de Dieu, sur la vérité révélée et enseignée par l'Église. N'anticipons pas.

Saint Thomas paraphrasant saint Paul nous dit :

« *Omnis potestas à Deo... mediante naturà et per consensum hominum.* »
« Tout pouvoir vient de Dieu par l'intermédiaire de la nature et par le consentement humain. »

Hâtons-nous de déclarer et de montrer que nous ne défendons pas ici le prétendu droit divin des rois, mais l'origine divine de l'autorité.

Qu'on veuille bien nous suivre attentivement.

III.

Voici l'opinion de M. l'abbé Boyer, directeur de Saint-Sulpice :

« Les formes du pouvoir souverain sont *immédiatement* de droit humain, parce que les hommes sont les agents libres et immédiats dont Dieu se sert pour les établir ; elles sont *médiatement* de droit divin, parce que ces ouvrages des hommes sont des volontés de Dieu et des décrets de sa divine providence. »

« Aucune forme de gouvernement, dit Monseigneur d'Hermopolis, n'a été donnée par Jésus-Christ aux divers peuples de la terre. *Si le fond de la puissance vient de Dieu, la forme vient des hommes.* La forme des gouvernements varie selon les mœurs, les usages, les besoins et le génie des peuples. Que l'autorité soit dans la main d'un seul ou de plusieurs, ou qu'elle réside dans un roi et un parlement unis ensemble, le fond en reste toujours le même. L'autorité suprême emporte le droit de commander d'une part, et de l'autre, l'obligation d'obéir en conscience. Cette autorité, ainsi entendue, entre sans doute dans les desseins de Dieu pour l'harmonie du monde moral, comme la gravitation y entre pour l'harmonie du monde physique. »

« Les chrétiens, dit M. de Bonald, avaient professé que *le pouvoir est de Dieu,* toujours respectable par conséquent, quelle que soit la bonté particulière de l'homme qui l'exerce, à qui on doit se soumettre quand il n'est que fâcheux, et opposer, s'il est injuste, un refus insurmontable d'obéir : pouvoir légitime, non dans ce sens que l'homme qui l'exerce y soit nommé par un ordre visiblement émané de la Divinité, mais parce qu'il est constitué sur les lois naturelles et fondamentales de l'ordre social dont Dieu est l'auteur. »

Fénelon, après avoir combattu la souveraineté absolue du peuple, c'est-à-dire la doctrine qui fait de la volonté du peuple la source médiate et immédiate, unique et absolue de l'autorité politique, Fénelon s'exprime ainsi :

« Il est vrai que le consentement libre ou forcé, exprès ou tacite, d'un peuple libre, à la domination d'un ou de plusieurs, *peut bien être un canal par où découle l'autorité suprême,* mais il n'en est pas la source : *Ce consentement n'est qu'une simple déclaration de la volonté de Dieu,* qui manifeste par là à qui il veut que son autorité soit confiée. C'est lui seul qui préside souverainement aux conseils des humains, qui les règle comme il veut, et qui donne aux nations des maîtres pour être les instruments de sa justice ou de sa miséricorde. »

Écoutons Massillon, disant à Louis XV ces remarquables paroles :

« Ce sont les peuples qui, par l'ordre de Dieu, ont fait les rois ce qu'ils sont ; c'est aux rois à n'être ce qu'ils sont que pour les peuples. Oui, sire, *c'est le choix de la nation qui mit d'abord le sceptre entre les mains de vos ancêtres ; c'est elle qui les éleva sur le bouclier* militaire, *et les proclama souverains :* le royaume devint ensuite l'héritage de leurs successeurs ; mais ils le durent *originairement au consentement libre* de leurs sujets ; leur naissance seule les mit ensuite en possession du trône ; mais *ce furent les suffrages publics qui attachèrent d'abord ce droit* et cette prérogative à leur naissance (1). »

---

(1) *Petit-Carême.* — Il est beau de voir notre droit national proclamé par **Massillon** devant Louis XV ! — Que vient-on nous parler de droit divin ?

De tous ces textes si précis, si clairs, puisés dans les écrits de nos plus illustres docteurs et philosophes catholiques, il ressort évidemment que si l'autorité qu'exercent les dépositaires du pouvoir public est divine dans son essence, elle est de droit humain, de droit national dans la forme sous laquelle l'a établie la liberté du peuple. *L'essence de l'autorité est divine*, dit Lourdoueix, *mais sa constitution est humaine ; l'autorité vient de Dieu, mais elle dérive du peuple par sa forme*, dit Genoude. Ainsi le droit divin des dynasties dans le sens d'une élection particulière et directe de Dieu est tout simplement une absurdité, un mensonge historique, une impossibilité logique dans l'ordre naturel. En fait et en droit Dieu respecte la liberté humaine dans l'établissement des formes de gouvernement ; mais tout en la respectant, il *incline les cœurs à l'obéissance*, il *oblige* la liberté par la loi morale, c'est-à-dire que, suivant les doctrines des mêmes auteurs cités plus haut, doctrines conformes à la loi naturelle et à la loi révélée, *le peuple est tenu de respecter la loi qu'il s'est donnée*, la loi qu'il a reconnue et appliquée. Nous verrons plus loin que la révolte est considérée comme un crime par la tradition catholique et expressément condamnée par la loi naturelle et la loi révélée :

« La doctrine du droit divin des rois, dit Lourdoueix, est condamnée par la raison universelle, parce que, d'après cette doctrine, les chefs des peuples seraient élevés au pouvoir en vertu d'un fait surnaturel ayant sa source dans le choix de Dieu, qui aurait prédestiné une race à régner sur une nation hors de toutes les conditions et de toute règle.

» Cette doctrine est fausse en fait comme en théorie ; elle doit être solennellement désavouée, c'est le terrain sur lequel la Révolution a appuyé son levier pour soulever les peuples contre la royauté, pour briser les trônes, chasser les rois et jeter les royalistes hors des affaires.

» Dire que la source du pouvoir des rois est ailleurs que dans les institutions nées de la sagesse nationale, c'est autoriser à croire que les rois ont besoin de l'appui d'une force étrangère.

» Ensuite c'est laisser aux hommes de révolution la doctrine de la volonté nationale pour justifier leurs usurpations.

» Quand la royauté en France a pour elle un titre qui lui est envié par toutes les factions, abandonner ce titre pour une théorie obscure, insoutenable, inadmissible en droit et ruineuse en fait, ce serait un aveuglement funeste dont, nous l'espérons, les royalistes de ce siècle sont guéris à tout jamais.

» L'erreur de ceux qui ont soutenu le droit divin des dynasties a sa source dans une confusion qu'ils ont faite entre l'essence du pouvoir, qui est divine, et la constitution du pouvoir, qui est humaine. »

En juillet 1849, le journal l'*Union*, répondant au journal la *Liberté*, dut condamner la fausse doctrine du droit divin des rois, en ces excellents termes où nous reconnaissons la plume autorisée de M. Laurentie :

« *La Liberté* s'amuse à dire le *droit divin* ; c'est une vieille plaisanterie, qu'il ne faut pas porter dans les discussions sérieuses.

» A vrai dire, le droit est toujours divin, et c'est en ce sens que nous avons parlé plus d'une fois du *droit divin de la liberté*, de même que M. de Maistre a invoqué dans sa langue prophétique le *droit divin des peuples.*

» Mais personne ne s'est avisé de parler du droit divin d'une race.

» *Une race est désignée par une nation pour exercer un droit particulier de commandement, c'est là toute l'origine des dynasties dans tous les empires qui ont vécu* ; et cette destination d'une race ne change rien au caractère divin du droit constitutif de la société.

» La conséquence de cette désignation, faite librement, et en vertu des lois fondamentales de cette nation, c'est simplement que toute violence faite à l'exercice de la puissance remise à une dynastie, constitue une perturbation dans la vie du peuple qu'elle avait appelé à gouverner en vertu même de ces lois.

» C'est en ce sens que tous les hommes réfléchis entendent le mot de *légitimité* ; si bien que la *légitimité* n'est que l'expression du droit national, en ce qui concerne l'exercice du pouvoir.

» Si bien aussi, que là où l'exercice du pouvoir n'est pas remis à une famille, mais est réservé à tout l'ensemble du peuple, comme il arrive dans une République nationale, il y a une *légitimité* inviolable, ni plus ni moins que dans la monarchie.

» Tel est donc le principe légitime. »

Voici comment l'abbé Boyer, de Saint-Sulpice, repousse la doctrine du droit divin :

« Les adversaires nous imputent des pensées bien ridicules sur le droit divin, en voici quelques-unes : plusieurs nous font dire qu'à l'origine des peuples, ou du moins à ces époques où commencent pour une grande nation d'autres lois, une autre constitution, une dynastie nouvelle, à toutes ces époques Dieu intervient, manifeste sa volonté par des signes et des prodiges sensibles, semblables à ceux qui signalèrent autrefois l'entrée de Moïse, de Saül, de David, au pouvoir suprême. On imagine bien que ces miracles, aux yeux de nos athées, sont de même ordre que celui de la Sainte-Ampoule, envoyée du ciel pour le sacre de Clovis, à

Reims ; on les compare encore volontiers aux communications de Numa avec la nymphe Egerie, de Mahomet avec l'ange Gabriel. Je vois avec plaisir que M. de Cormenin, le plus habile des défenseurs de la souveraineté du peuple, n'a fait aucun cas de cette absurbe imputation : il nous rend la justice de supposer que tout croyant que nous sommes aux miracles, nous ne croyons pas à ces fables. « Je sais, dit-il, dans sa lettre à M. le comte de Saint-Romain, je sais que les gens sages de votre parti ne croient pas à l'investiture divine de la couronne... »

« Il a semblé à d'autres, que nous estimions le pouvoir des princes, divin comme celui des évêques, et que le sacre des rois était à nos yeux comme un sacrement établi de Dieu pour donner aux rois, avec un caractère sacré, la divine et légitime mission de gouverner les peuples... Enfin, d'autres estiment que notre pouvoir divin introduit dans nos gouvernements civils la théocratie du peuple Juif et du régime ecclésiastique. NOUS REJETONS TOUTES CES FAUSSES NOTIONS DU POUVOIR DIVIN. »

Monseigneur Latil disait à Charles X, le jour de son sacre : « Sire, ce n'est point l'onction que nous répandons sur vous qui vous confère aucun droit sur la couronne ; ce droit vous le tenez de vos ancêtres et des assemblées nationales. »

IV.

Cet exposé de la doctrine royaliste sur la source divine de l'autorité et l'origine nationale du pouvoir légitime qui l'exerce, était nécessaire pour montrer que l'opinion royaliste est en complète harmonie avec la raison publique.

Il nous reste à exposer la partie la plus importante de notre thèse ; nous avons à établir, d'après les préceptes de la morale chrétienne, la distinction essentielle entre les pouvoirs de droit et les pouvoirs de fait, les rapports de l'Église et des fidèles avec ces pouvoirs, enfin l'application des principes exposés par nous aux divers régimes qui se sont succédé en France depuis 1789.

CHAPITRE TROISIÈME

CATHOLICISME ET LÉGITIMITÉ

I.

En thèse générale, l'Église n'est ni républicaine, ni royaliste, ni parlementaire ; l'Église n'impose à la raison des peuples aucune forme spéciale de gouvernement ; elle respecte la liberté et le génie particulier des nations qui marchent à la triple lumière de la révélation, de la raison générale et de la tradition, dans les voies de leurs destinées, vers l'accomplissement du plan divin. Mais s'il est vrai, comme le disent les grands auteurs que nous avons cités, qu'*aucune forme de gouvernement n'a été donnée par Jésus-Christ aux divers peuples de la terre*, il est vrai aussi que sur la question dogmatique de l'obéissance intime à la puissance légitime, ordonnée de Dieu, c'est-à-dire conforme aux lois fondamentales, constitutives de chaque peuple, il est vrai, absolument vrai que l'Église se prononce ouvertement et positivement au nom de la loi morale qu'elle a reçu pour mission de garder. — L'Église n'est ni républicaine, ni royaliste, ni parlementaire, l'Église est légitimiste. Elle ordonne, sous peine d'anathème et de condamnation, de respecter ce qui est légitime, ce qui est de droit, ce qui est juste, ce qui est selon l'ordre de Dieu.

L'Église est la gardienne de la vérité ; aucune vérité morale ne peut être étrangère au catholicisme, ne peut être indifférente à l'Église.

La légitimité est une vérité morale universelle, applicable à tous les temps et à tous les peuples : cette vérité morale repose sur cet article du Décalogue : TU NE DÉROBERAS PAS. Elle repose sur le précepte évangélique qui dit de rendre à chacun ce qui lui est dû : à César ce qui est à César, à Dieu ce qui est à Dieu, aux peuples ce qui est aux peuples.

L'Église est légitimiste : elle ne peut pas ne pas l'être sous peine de n'être plus l'Église du Christ, et de mentir à la conscience du genre humain.

Sur ce dogme de la légitimité repose l'ordre social tout entier : c'est la base, la pierre d'assise des sociétés voulues de Dieu. Que ce dogme s'applique à l'ordre individuel, à l'ordre de la cité, de la nation, de l'humanité ; qu'il s'agisse d'un morceau de pain, d'un champ, d'une province, d'un royaume, tout droit consacré par une loi humaine conforme à la loi divine, doit être respecté en conscience.

Qu'il s'agisse de l'ordre social, politique ou religieux, la morale universelle, applicable en tout temps et dans tout pays, apparaît pour régler, pour ordonner, pour faire l'ordre dans les intelligences et dans les cœurs. Sans règle d'ordre, il n'y a pas de famille, pas de cité, pas de société politique possible : « *Si Dieu n'édifie la cité*, dit le psalmiste, *en vain travaillent ceux qui l'édifient.* »

L'Église est donc légitimiste : après les droits de Dieu elle consacre les droits légitimes des peuples, et les droits des souverains légitimes, des pouvoirs publics, quelle que soit leur forme, qui sont établis légitimement, selon les lois fondamentales de chaque peuple. Elle ordonne d'obéir en conscience aux lois constitutives du pouvoir et de la liberté, car ces lois consacrent des droits.

La légitimité étant le règne de la loi morale, qui est universelle, il s'ensuit qu'être légitimiste en Suisse, c'est respecter la constitution naturelle de la Suisse ; qu'être légitimiste en Angleterre, en France, comme aux États-Unis, c'est respecter le droit national, la loi constitutive des droits de l'autorité et de la liberté du peuple chez ces diverses nations. Droits inviolables, antérieurs et supérieurs aux chartes et aux constitutions écrites, imposées ou octroyées par les pouvoirs de révolution.

II.

Ici apparaît la distinction essentielle du pouvoir de droit et du pouvoir de fait.

La négation de la légitimité c'est l'usurpation qui ne peut être *ordonnée* de Dieu ; de même que la négation de la tradition religieuse, sociale et politique d'un peuple, c'est ce que nous appelons la Révolution.

La négation révolutionnaire tend à unir, dans son œuvre de destruction, la vérité sociale, religieuse et politique ; il est naturel et nécessaire que l'Église unisse, dans son affirmation et dans son œuvre de restauration, la vérité religieuse, la vérité sociale et la vérité politique.

Il y a donc une vérité politique, une morale politique, une légitimité politique consacrée par l'Église et voulue de Dieu, comme il y a une erreur politique, une iniquité politique, une usurpation politique condamnée par l'Église et *réprouvée* de Dieu quoique *permise* de Dieu pour l'enseignement des peuples.

Le pouvoir de droit est *voulu* de Dieu, le pouvoir de fait est *permis* de Dieu. Voilà la distinction essentielle que Monseigneur Guilbert a négligé d'établir dans son Mandement. Cette vérité est fondamentale, et c'est à sa lumière qu'un Évêque devrait étudier les faits de notre histoire contemporaine.

Reprenons le texte de saint Paul, cité par Monseigneur Guilbert :

« Que toute âme soit soumise aux puissances supérieures, dit l'apôtre ; car il n'y a point de puissance qui ne soit de Dieu, et toutes les puissances de la terre sont ordonnées de Dieu. Celui donc qui résiste aux puissances résiste à l'ordre de Dieu et ceux qui résistent attirent sur eux la condamnation. »

Nous ne devons entendre par ces mots *puissances supérieures* employés par l'apôtre, que le pouvoir de droit, car le pouvoir usurpé n'est pas une puissance ordonnée de Dieu. Ordonnée de Dieu, ne signifie pas nécessairement, nous l'avons vu, établie directement de Dieu par une désignation expresse, une vocation particulière ; ordonnée de Dieu, signifie qui est selon l'ordre éternel de Dieu. Être dans l'ordre, c'est être en conformité avec la loi morale, loi éternelle dit saint Thomas, et qui est Dieu lui-même. *Est ipsa lex æterna.*

L'enfer est une puissance *inférieure*, usurpée. Satan a une puissance qui est la négation de la toute-puissance, de la vraie puissance, de la puissance de Droit. Dieu *permet* le pouvoir, la puissance usurpée de l'Enfer pour sa gloire, la gloire de son Église et celle de ses saints. Dieu n'a pas *voulu* la révolte des anges, il l'a *permise ;* Dieu n'a pas *voulu* la puissance de séduction de Satan, il la *permet.* Dieu ne *veut* pas la Révolution, les usurpations, les spoliations, il les *permet,* pour la plus grande gloire de sa justice et de sa miséricorde.

La puissance, la vraie puissance supérieure, celle qu'il faut respecter, aimer, honorer, dans le for intérieur, sous peine de condamnation, c'est la puissance de droit, reposant sur la légitimité de ses titres humains ou divins, temporels ou spirituels : Nous devons être soumis, en conscience, à la puissance de Dieu, auteur de toute puissance de droit et représenté par l'Église, à la puissance du père, du supérieur, à la puissance du juge, du magistrat, du pouvoir public légitime, à la puissance de la vertu, à la puissance de la loi régulière, constitutive ou organique, conforme à la loi de Dieu. Voilà les puissances dont parle saint Paul.

Nous blasphémerions évidemment en disant que saint Paul exige de nous respect, soumission intime, honneur à l'égard de la puissance inférieure c'est-à-dire usurpée, à l'égard de la négation du droit, de la puissance révoltée contre Dieu, de la Révolution qui brise en même temps les autels et les trônes légitimes.

Soumission intime, obligatoire en conscience, à l'égard des pouvoirs légitimes ; soumission extérieure dans l'intérêt de l'ordre matériel, et sans préjudice de la propagande légale en faveur du droit, à l'égard du pouvoir de fait, du pouvoir usurpé ; enfin résistance passive contre le pouvoir quel qu'il soit, qui commanderait un acte contraire à la loi de Dieu.

Telle est la doctrine de l'Église ; cette doctrine qui condamne l'insurrection, la révolte et l'usurpation, est la doctrine traditionnelle des légitimistes français.

III.

Citons nos autorités. — Voici Fénelon qui dit :

« Quoique la providence dispose des couronnes à son gré, *cependant elle n'approuve pas tout ce qu'elle permet. Il y a certaines lois générales qui nous sont des marques, non seulement que Dieu permet les choses, mais encore qu'elles sont dans l'ordre.* Ces lois générales sont les fondements de ce qu'on appelle droit civil, et elles sont établies pour être *les règles constantes de nos devoirs, et les signes certains de ce qui est de droit, et de ce qui ne l'est pas.* »

Ailleurs Fénelon dit encore :

« Les formes de gouvernement sont arbitraires ; mais quand l'autorité suprême est une fois fixée dans un seul ou dans plusieurs, d'une manière monarchique, aristocratique, populaire ou mixte, *il n'est point permis de se révolter contre ses décisions.* Puisqu'on ne peut pas multiplier les puissances à l'infini, il faut nécessairement s'arrêter à quelque autorité supérieure à toutes les autres, qui juge en dernier ressort, et qui ne peut pas être jugée elle-même. »

Écoutons Bossuet :

« Dieu prend en sa protection tous les gouvernements légitimes, EN QUELQUE FORME QU'ILS SOIENT ÉTABLIS, et qui entreprend de les renverser n'est pas seulement ennemi du public, mais encore ennemi de Dieu. »

Monseigneur Asseline, évêque de Boulogne, dans son discours sur l'obéissance due à l'autorité légitime, s'exprime ainsi :

« Comme Jésus-Christ a dit : *Rendez à César ce qui est à César, et à Dieu ce qui est à Dieu,* par où il met, pour ainsi parler, dans la même ligne ce qu'on doit au prince avec ce qu'on doit à Dieu même, afin qu'on reconnaisse dans l'un et dans l'autre une obligation également inviolable ; de même le prince des apôtres dit : « Craignez Dieu, honorez le Roi ; » où l'on voit qu'à l'exemple de son maître il fait marcher ces deux choses d'un pas égal, *comme unies et inséparables.* . . . .
« Ce qui a été cru et enseigné dans les premiers siècles du christianisme, sur la fidélité due aux souverains, a été cru et enseigné de même dans les siècles qui ont suivi : *l'Eglise catholique ne s'est jamais démentie de l'ancienne tradition.* »

Et Monseigneur de Boulogne cite ce décret du quatrième concile de Tolède :

« Quand les peuples, disent les pères du quatrième concile de Tolède, violent la fidélité qu'ils ont promise à leurs rois, ce délit est un véritable sacrilège ; la raison en est que, par l'infraction de cet engagement de fidélité, ce n'est pas aux rois seulement qu'ils manquent, mais encore à Dieu lui-même, au nom duquel la promesse de fidélité a été faite.... Si nous voulons éviter la colère divine, rendons à Dieu avec crainte le culte religieux qui lui est dù ; gardons à nos princes la fidélité que nous leur avons promise.... qu'il n'y ait point parmi nous d'infidélité si contraire à la véritable piété... qu'on n'y voie point tramer de criminelles conjurations ; que personne parmi nous n'ait la témérité d'usurper le royaume ; que personne ne projette la mort des rois.... que qui que ce soit donc qui.... par quelque conjuration que ce puisse être... aura violé le serment de fidélité qu'il a fait... pour la conservation du salut du roi, ou aura attenté à la vie du roi, ou l'aura dépouillé de la puissance de régner.... *ou aura envahi le rang suprême de la royauté, soit anathème en présence de Dieu et des saints anges ; qu'il soit mis hors de l'Eglise catholique qu'il aura souillée par un parjure ;* qu'il soit éloigné de toute assemblée de chrétiens, ainsi que tous les complices de son impiété, parce qu'il faut que ceux qui se trouvent impliqués dans la même erreur soient assujettis à la même peine.

» La même disposition se trouve dans les sixième et septième conciles de Tolède, des années 637 et 644 ; dans le concile de Lorris, en Anjou, de l'an 843, et dans le concile d'Oxford, de 1222. »

Écoutons le glorieux pape Pie VI :

« Quant à ce qui concerne la fidélité au prince légitime, vous n'ignorez pas combien est étroite l'obligation de la garder, puisqu'il y a un précepte divin qui prescrit à chacun *d'obéir au prince légitime*... non, il n'est pas au pouvoir des peuples de renverser à leur gré les empires, et d'introduire, selon leurs caprices, de nouvelles formes de gouvernement. » (Romæ ap. s. Petr. 19 april 1792.)

Cette grande protestation du pape en pleine révolution française, n'est-elle pas un foyer de lumière éclairant la voie du clergé français ?... Nous le demandons à Monseigneur Guilbert. — Pie VI fait ici de la *politique orthodoxe*, ou les mots de la langue humaine n'ont plus de sens.

Méditons, en considérant l'état actuel de la France, cet admirable texte de Bossuet parlant des lois fondamentales :

« C'est principalement de ces lois fondamentales qu'il est écrit : « Qu'en les violant, on ébranle tous les fondements de la terre : après quoi il ne reste plus que la chute des empires. (*Ps.* LXXXI, 5.)

En général, les lois ne sont pas lois, si elles n'ont quelque chose d'inviolable. Pour marquer leur solidité et leur fermeté, Moïse ordonne : « Qu'elles soient toutes écrites nettement et visiblement sur pierres. » (*Deut*, XXVII, 8.) « Josué accomplit ce commandement. » (*Jos.,* VIII, 32.)

Les autres peuples civilisés conviennent de cette maxime : « Qu'il soit fait un édit, et qu'il soit écrit selon la loi inviolable des Perses et des Mèdes, » (*Est.*, 1, 19), disent à Assuérus les sages de son conseil, qui était toujours près de sa personne. « Ces sages savaient les lois et le droit des anciens. » (*Ibid.*, 13.) Cet attachement aux lois et aux anciennes maximes affermit la société et rend les Etats immortels.

On perd la vénération pour les lois, quand on les voit si souvent changer. C'est alors que les nations semblent chanceler, comme troublées et prises de vin, ainsi que parlent les prophètes. « L'esprit de vertige les possède, et leur chute est inévitable. » (*Is.*, xix, 14.) « Parce que les peuples ont violé les lois, changé le droit public, et rompu les pactes les plus solennels. » (*Ibid.*, xxv. 5.) C'est l'état d'un malade inquiet, qui ne sait quel mouvement se donner.

On tombe dans cet état quand les lois sont variables et sans consistance, c'est-à-dire, quand elles cessent d'être lois. »

Continuons à rassembler nos grandes autorités.

Ces doctrines et ces respectueuses observations que nous exposons ici sur la lettre pastorale de Monseigneur Guilbert, nous les avons insérées dans le *Courrier de l'Aude* des 15, 19 et 26 octobre 1876 ; plusieurs semaines après, le journal l'*Univers* publia de remarquables études d'un théologien qui vinrent, à notre grande satisfaction, justifier pleinement nos doctrines ; voici un extrait de ce travail :

« Quelle est l'attitude de l'Eglise envers les gouvernements issus des révolutions ?

» Avant de reconnaître des gouvernements usurpateurs, établis de fait, et avant de consentir à prier et à faire prier pour eux, l'Eglise y regarde à deux fois. Elle pèse dans sa haute sagesse les motifs religieux qui peuvent l'incliner à reconnaître ces sortes de gouvernements d'une reconnaissance qui, d'ailleurs, ne préjudicie à aucun droit des tiers ; et si elle prie et fait prier pour eux, c'est pour que Dieu les aide à accomplir leurs devoirs ; mais cette prière ne les lave pas du crime qu'ils ont commis en se substituant injustement à des gouvernements légitimes et qu'ils continuent de commettre en ne travaillant pas, dans la mesure du possible et de l'honnête, à leur rétablissement. »

. . . .

« Le prêtre peut-il épouser un parti, lui qui se doit à tous les partis ?

» Le prêtre peut et doit même épouser le parti du droit et de la justice, tout en se dévouant à tous, même aux adversaires du droit pour les gagner à la bonne cause. Seulement, comme il se peut que le bon parti rencontre des préjugés et des répugnances, même de la part d'hommes honnêtes d'ailleurs, le prêtre, pour ne pas compromettre son ministère et pour sauver des âmes, pourra et devra même parfois, comme prêtre et même comme citoyen, garder le silence sur certains droits qu'il ne pourrait réussir à faire reconnaître, tout en se gardant de les nier s'ils sont suffisamment prouvés. »

Depuis, notre saint Père le pape Léon XIII a donné ses grands enseignements au monde sur les rapports de l'Église et de l'État et sur la question de la légitimité des souverains temporels.

Dans l'allocution adressée au Sacré Collège, le saint jour de Noël 1878, Léon XIII s'exprimait en ces termes :

« La paix véritable se fonde toute sur l'ordre, et il est impossible de la trouver dans l'homme désordonné, c'est-à-dire dans l'homme dont la raison n'est pas pleinement soumise à Dieu et le sens pleinement soumis à la raison ; il est impossible de la trouver dans la société, *si l'autorité et les lois qui la gouvernent ne sont pas pleinement conformes aux principes immuables et éternels de la vérité et de la justice dont l'Eglise est la gardienne.* »

Voilà pour la nécessité de l'union de la politique et de la religion, de l'autorité et des lois qui gouvernent la société civile avec les principes éternels dont l'Église est la gardienne.

C'est ce que Monseigneur de Poitiers, dans sa belle homélie sur la fête de saint Rémi, appelait *l'alliance indissoluble du sacerdoce et des pouvoirs publics ;* ce que nous appelons l'accord de la politique et de la religion, dans le respect de la loi morale qui ordonne aux peuples de respecter les puissances légitimes. Car *les peuples, comme les individus,* dit encore Monseigneur de Poitiers, *ne grandissent et ne durent qu'en se conformant aux lois qui ont présidé à leur naissance et à leur formation première.*

Dans une admirable encyclique adressée aux évêques du monde catholique, le Pape Léon XIII précise la doctrine en ces termes :

« Ainsi, l'Eglise inculque constamment à la multitude des sujets ce précepte apostolique : il n'y a point de puissance qui ne vienne de Dieu, et celles qui sont, ont été établies de Dieu. C'est pourquoi, qui résiste à la puissance résiste à l'ordre de Dieu. Or, ceux qui résistent, attirent sur eux-mêmes la condamnation. Ce précepte ordonne encore d'être nécessairement soumis, non seulement par crainte de la colère, mais encore par conscience, et à rendre à tous ce qui leur est dû : à qui le tribut, le tribut ; à qui l'impôt, l'impôt ; à qui la crainte, la crainte ; à qui l'honneur, l'honneur. »

Distinction : à qui l'honneur, l'honneur ; à qui le tribut, le tribut.

Voilà pour les puissances légitimes ou légales ; voici pour les tyrans :

« S'il arrive cependant aux princes d'excéder témérairement dans l'exercice de leur pouvoir, la doctrine catholique ne permet pas de s'insurger de soi-même contre eux, de peur que la tranquillité de l'ordre ne soit de plus en plus troublée et que la société n'en reçoive un plus grand dommage. Et lorsque l'excès en est venu au point qu'il ne paraisse plus aucune autre espérance de salut, la patience chrétienne apprend à chercher le remède dans le mérite et dans d'instantes prières auprès de Dieu. Que si les ordonnances des législateurs et des princes sanctionnent ou commandent quelque chose de contraire à la loi divine ou naturelle, la dignité du nom chrétien, le devoir et le précepte apostolique proclament qu'il faut obéir à Dieu plutôt qu'aux hommes. »

Que voyons-nous là ? La condamnation absolue de la doctrine d'insurrection : en aucun cas, contrairement à ce qu'ont soutenu certains écrivains inconséquents du parti catholique, en aucun cas l'insurrection n'est autorisée par la loi chrétienne.

Telle est la doctrine des légitimistes français, confirmée par notre Très-Saint-Père le Pape Léon XIII.

C'est la doctrine du saint Pape Pie VI.

Dans un discours adressé le 12 mai 1879 aux Cardinaux de la sainte Église romaine, le Vicaire de Jésus-Christ, le chef de la catholicité, nous parle de la fidélité au pouvoir politique, de la soumission au prince. Le Saint-Père nous dit que l'Église, uniquement occupée du salut éternel des âmes, *ne trouble pas les règles et l'ordre de la société civile*. Le Pape nous dit encore que l'Église ordonne *que toute âme soit soumise aux puissances supérieures*, non seulement par crainte de leur colère, mais aussi *par raison de conscience*.

La légitimité politique défendue par nous, sous tous les régimes, n'a pas d'autre fondement que cette doctrine de l'Église : fidélité au prince, aux puissances *supérieures* par raison de conscience. Le pouvoir usurpé, le pouvoir qui s'impose en violant *les règles et l'ordre de la société civile*, est une puissance de fait, une puissance inférieure qui ne peut exiger ni fidélité, ni honneur, ni obéissance *dans le for intérieur de la conscience ;* l'Église ne prescrit qu'une soumission *extérieure* à la légalité révolutionnaire. Les protestations de Pie IX et de Léon XIII contre l'usurpation du Piémont, montrent bien que l'Église distingue entre le pouvoir de droit et le pouvoir de fait. Si elle condamne la révolte et la Révolution, ce n'est pas pour glorifier et considérer comme légitimes les pouvoirs issus de la révolte et de la Révolution.

Penser autrement ce serait supposer que l'Église du Christ favorise la doctrine panthéistique qui confond le droit et l'usurpation, le bien et le mal, le vrai et le faux.

Il y a donc une politique chrétienne, une politique orthodoxe qui condamne les régimes de révolution, qui prescrit l'obéissance aux lois fondamentales de l'autorité légitime, et qui ne permet l'insurrection violente en aucun cas, tout en recommandant la résistance passive aux pouvoirs injustes dont les ordres seraient la violation de la loi de Dieu.

Enfin, M. de Lourdoueix résume tout par ces paroles profondes :

« Oui ce sont des lois divines et nécessaires que celles qui constituent l'ordre social, il n'y a rien là d'arbitraire. La création du pouvoir public, sa transmission, ses rapports avec les citoyens, leurs droits et leurs devoirs respectifs, tout cela existe dans cet idéal divin, dans cette sagesse éternelle et immuable dont l'intelligence humaine illuminée par le Verbe peut entrevoir les profondeurs. Les sociétés les plus prospères sont celles où cet idéal, cet ensemble de lois morales et sociales, ont leur réalisation la moins imparfaite. Qui ne sait aujourd'hui que la légitimité — qu'on entendait naguère dans un sens étroit, s'appliquant seulement aux droits d'une dynastie — est un principe universel s'étendant aux droits des nations, à ceux des familles et des particuliers ; que ce principe ne peut être méconnu sur un point sans l'être bientôt sur tous les autres ; que s'il est violé en haut, il l'est bientôt en bas ? »

On voit, par ce qui précède, à quoi se réduit la fameuse formule de l'ancien parti catholique : *catholique avant tout !* Oui, si l'on n'exclut pas la vérité politique, la légitimité, du catholicisme ; non, si par *catholique avant tout*, on entend dire que la vérité sociale et politique est indifférente à l'Église.

Être catholique, c'est-à-dire défendre la vérité, la justice, le droit, la morale *en tout et partout*, cela suffit. Le catholicisme d'un parti ne serait qu'un catholicisme restreint.

En résumé :

La légitimité, en France, de par les lois fondamentales du droit public français, consacre les droits de la Royauté nationale autant que la liberté primitive du peuple. Il n'y a pas de droit contre le droit. La légitimité n'a été combattue, violée, renversée, que par l'insurrection qui a donné naissance aux régimes de Révolution.

Mais l'insurrection est condamnée par l'Église ; donc elle n'a pu conférer aucun droit aux pouvoirs de fait.

Il faut choisir entre la souveraineté absolue du peuple qui fait et défait, quand il lui plaît, ses institutions et ses lois, et la légitimité nationale qui consacre la règle traditionnelle de l'ordre et de la liberté.

IV.

Nous croyons avoir tenu notre promesse au sujet des principes à établir et des autorités irréfragables que nous nous proposions d'invoquer pour montrer la nécessaire alliance, l'union intime, l'accord doctrinal de la légitimité avec le catholicisme. Il nous reste à appliquer ces doctrines et ces principes à l'ordre politique particulier à la France, aux faits contemporains.

Nous croyons indispensable de résumer ici les vérités traditionnelles, les principes constitutifs de la nation française, vérités et principes niés par la Révolution, manifestée sous ses trois formes républicaine, césarienne et parlementaire.

Exposons en peu de mots le droit national de la France, les *lois fondamentales* dont parle Bossuet et *contre lesquelles tout ce qui se fait est nul de soi.*

S'il est vrai que la première race de nos rois eut ses assemblées du Champ de Mars ; s'il est vrai que la deuxième race eut ses assemblées du Champ de Mai ; s'il est vrai que la troisième race eut ses États-généraux ; s'il est vrai que, dès les premiers temps de la Monarchie, la France n'a cessé d'avoir ses municipalités communales et provinciales qui durent au XIIIᵉ siècle leur résurrection à la protection et à l'esprit national de nos rois ; si, depuis le XIIIᵉ siècle jusqu'à Louis XIV, ces municipalités eurent leurs assemblées périodiques, si, en un mot, il est vrai que dans des siècles où la royauté unie au peuple des communes, écrasa la féodalité, le vote universel gradué ait été constamment appliqué au point de faire dire au conventionnel Thibeaudeau :

« Depuis le plus petit village jusqu'à la capitale, tous les manants et habitants, de quelque état et conditions qu'ils fussent, participaient à l'exercice des droits politiques. Ils avaient le droit de concourir à la rédaction des cahiers....., d'exposer leurs vues et leurs opinions sur toutes les affaires de l'Etat..... c'était le suffrage universel libre.... On était électeur, éligible, sans aucune condition de propriété, de sens. »

Si tout cela est vrai, il est vrai de dire que la France avait, avant 1789, une Constitution dont les principes méconnus pour la plupart, depuis un siècle et demi, ne demandaient qu'à être rappelés et consacrés pour réduire à néant l'ancien régime et ses abus.

Or ces principes, ces lois fondamentales de la Monarchie, furent en 1789, rappelés et consacrés par la nation tout entière d'accord avec la royauté.

Ainsi l'hérédité royale et la représentation nationale, le concours de la royauté et de la nation pour la confection des lois, le consentement de l'impôt par ceux qui le paient, la religion catholique professée par la généralité des Français, les franchises municipales et les libertés provinciales, l'unité politique et la décentralisation administrative, telle est la Constitution naturelle de la France. Cette Constitution se retrouve à l'état de développement dans tout le cours de son histoire, malgré les longues interruptions de la féodalité, les guerres civiles et religieuses du XVIᵉ siècle, malgré le régime absolu qui, des États de 1614, embrasse les règnes de Louis XIII, de Louis XIV, de Louis XV, et finit à la convocation de la nation par Louis XVI. Telle est cette Constitution, tels sont les principes que la France consultée par Louis XVI, consigna dans ses immortels cahiers de 1789 et dont voici le résumé lu à l'Assemblée nationale par M. de Clermont-Tonnerre :

« 1° LE GOUVERNEMENT MONARCHIQUE, L'INVIOLABILITÉ DE LA PERSONNE SACRÉE DU ROI ET L'HÉRÉDITÉ DE LA COURONNE DE MALE EN MALE, sont également reconnus et consacrés par le plus grand nombre de cahiers et ne sont mis en question par aucun ;

» 2° Le roi est également reconnu COMME DÉPOSITAIRE DE TOUTE LA PLÉNITUDE DU POUVOIR EXÉCUTIF ;

» 3° LA RESPONSABILITÉ DE TOUS LES AGENTS DE L'AUTORITÉ EST RÉCLAMÉE GÉNÉRALEMENT ;

» 4° Quant au pouvoir législatif, la pluralité des cahiers le reconnaît comme RÉSIDANT DANS LA REPRÉSENTATION NATIONALE, SOUS LA CLAUSE DE LA SANCTION ROYALE, et il paraît que cette maxime ancienne des Capitulaires, *lex fit consensu populi et constitutione regis* est presque généralement consacrée par vos commettants.

» Quant à la durée, le plus grand nombre a demandé la périodicité des Etats généraux, et il a voulu que ce retour périodique ne dépendit ni des intérêts ni de la volonté des dépositaires de l'autorité.

» LA NÉCESSITÉ DU CONSENTEMENT NATIONAL A L'IMPOT EST ÉTABLIE PAR TOUS LES CAHIERS.

» Quant aux corps administratifs ou Etats provinciaux, tous les cahiers vous demandent leur établissement.

» L'inviolabilité de la personne des députés est reconnue par le plus grand nombre des bailliages, elle n'est contestée par aucun.

» Enfin les droits des citoyens, *la liberté, la propriété, sont réclamés par toute la nation française. Elle réclame pour chacun de ses membres l'inviolabilité des propriétés particulières, comme elle réclame pour elle-même l'inviolabilité de la propriété publique,* etc. »

Ajoutons que l'accord de la royauté et de la nation entière se manifesta à cette grande époque : Louis XVI, dans son admirable et solennelle *déclaration* du 23 juin 1789, avait adhéré, en les confirmant, à tous les principes d'ordre et de liberté proclamés par la nation.

Complétons cet exposé en reproduisant l'opinion d'un homme dont les amis du progrès et de la liberté ne récuseront pas la juste autorité.

Dans son discours de réception à l'Académie française, le R. P. Gratry s'exprimait ainsi sur le mouvement réformiste de 1789 :

« Au sein de la paix, de l'union, de la gloire, la plus puissante nation du monde alors est appelée par le plus légitime des pouvoirs à délibérer sur la réforme de ses institutions.

» Quarante mille groupes de citoyens, pendant trois mois, dans toutes les provinces, délibèrent et travaillent avec une admirable intelligence et un admirable dévouement, à poser et à justifier, par écrit, tous leurs vœux. Ces millions de chartres sont apportées au Centre, par l'Assemblée la plus illustre et la plus généreuse. Cette Assemblée dépouille ces cahiers, y cherche les principes SUR LESQUELS TOUTE LA FRANCE N'A QU'UNE VOIX, et proclame en séance publique cet authentique résumé de la volonté nationale, ces articles de l'unanimité, inconnus aujourd'hui, et qui s'appellent les principes de 89 : principes de tradition et de raison, d'ordre et de liberté, de progrès et de légitimité, le plus solide fondement qui fût jamais du droit positif d'une nation, car, entendons-nous bien, je ne connais d'autres principes de 89 que les principes *voulus par tous nos pères, proclamés par tous les cahiers,* et déclarés, dès le premier jour, *articles d'unanimité* dans l'Assemblée constituante. C'est là NOTRE DROIT PUBLIC POUR TOUJOURS, droit conforme à la loi morale éternelle et à l'esprit de l'Evangile, *justifié par la science, décrété par toute la nation,* et qui, nettement dégagé de ce qu'y voulaient ajouter les sophistes et les rhéteurs, subsiste écrit par la main de la France entière. »

Tel fut ce grand mouvement de réforme dont Monsieur le comte de Chambord a dit *qu'il faut le reprendre en lui restituant son véritable caractère* au point où la révolution l'a faussé.

Toutes les déclarations de Monsieur le comte de Chambord, comme celles de la presse légitimiste de Paris et de Province, sont entièrement conformes, depuis 1830, à ces grands principes de notre droit public proclamés par les cahiers de 1789.

A cet exposé des principes de notre droit national nous devons par conséquent ajouter les déclarations suivantes de Monsieur le comte de Chambord s'unissant aux vœux émis par la nation et par Louis XVI en 1789 :

« Je comprends les conditions que le temps et les évènements ont faites à la société actuelle. Je reconnais ces intérêts nouveaux. (*Au duc* DE NOAILLES, *5 octobre 1848.*)

» L'égalité devant la loi, la liberté de conscience, le libre accès pour tous les mérites à tous les emplois, à tous les honneurs, me sont chers comme à vous. (A BERRYER, *Venise, 23 janvier 1831.*)

» Exclusion de tout arbitraire, le règne et le respect des lois ; l'honnêteté et le droit partout ; le pays sincèrement représenté, votant l'impôt et concourant à la confection des lois ; les dépenses sincèrement contrôlées ; la propriété, la liberté individuelle et religieuse inviolables et sacrées ; l'administration communale et départementale sagement et progressivement décentralisée ; le libre accès pour tous aux honneurs et avantages sociaux, telles sont les véritables garanties d'un bon gouvernement. (*Au duc* DE LÉVIS, *12 mars 1856.*)

» Un pouvoir fondé sur l'hérédité monarchique, le gouvernement représentatif dans sa puissante vitalité, les dépenses publiques sérieusement contrôlées, le règne des lois, le libre accès de chacun aux emplois et aux honneurs, la liberté religieuse et les libertés civiles consacrées, l'administration intérieure dégagée des entraves d'une centralisation excessive, la propriété foncière rendue à la vie et à l'indépendance par la diminution des charges qui pèsent sur elle ; l'agriculture, le commerce, l'industrie encouragés ; et au-dessus de tout cela, une grande chose, L'HONNÊTETÉ. (*Au vicomte* DE SAINT-PRIEST, *9 décembre 1866.*)

» JE NE RÉTRACTE RIEN, JE NE RETRANCHE RIEN DE MES PRÉCÉDENTES DÉCLARATIONS.

» (Lettre à M. Chesnelong, 27 octobre 1873. »

V.

Il y a donc dans les faits contemporains, une légitimité politique que, en conscience, comme dit saint Paul, tout catholique est tenu de défendre, sous peine de cesser d'être catholique. Il y a un fait d'usurpation et de révolution ayant subi ou subissant parmi nous ses transformations logiques, sous les trois formes : Empire, Orléanisme, République ; or, ce fait de révolution, cette triple négation des principes constitutifs de la nation française, de la légitimité française, doit être condamnée, réprouvée, combattue, en conscience, et selon les voies légales, par tout catholique français, sous peine de cesser d'être catholique. La Révolution est la négation de toute autorité divine et humaine, de la liberté des peuples, la négation de tout devoir et de tout droit. Tant que les principes qu'elle nie ne sont pas rétablis triomphants dans les faits, la Révolution parcourt en le recommençant le cercle vicieux de ses transformations logiques : Le parlementarisme orléaniste conduit à l'anarchie républicaine, laquelle engendre le despotisme césarien : triple athéisme dans la loi, faussant l'hérédité royale et usurpant les droits de la nation, passant au radicalisme religieux, social et politique en transformant en dogme la souveraineté absolue du peuple, ou par des coups d'État sanglants et violateurs des lois, incarnant dans un César d'aventure la souveraineté du peuple, pour étouffer avec elle les libertés légitimes de la nation et subordonner l'Église à l'État.

Voilà, philosophiquement résumée, l'histoire de nos quatre-vingt-dix ans de révolution.

Et l'on vient nous dire que l'Église catholique approuve tout cela, bénit Louis XVI et la République, Bonaparte et Charles X, Louis-Philippe et Henri V !... Confusion étrange, fruit du plus funeste des scepticismes ! Quoi ! l'Église mentant à tous ses préceptes, viendrait nous dire que tous les pouvoirs, que tous les régimes, se renversant brutalement les uns les autres, échafaudant les mensonges sur les crimes, et les invasions sur les ruines, doivent être honorés, servis, légitimés par notre obéissance intime !...

Cela n'est pas, cela ne peut être, ou la conscience humaine est un mensonge, l'histoire un rêve, la logique des évènements une billevesée, la morale un néant.

Non, ce sont là des pouvoirs de fait, conséquence logique d'une première révolte contre la légitimité nationale.

« Dieu n'approuve pas tout ce qu'il permet, dit Fénelon ; *Il y a certaines lois générales qui nous sont des marques, non seulement que Dieu permet les choses, mais encore qu'elles sont dans l'ordre.* Ces lois générales sont les fondements de ce qu'on appelle droit civil, et elles sont établies pour être *les règles constantes de nos devoirs, et les signes certains* DE CE QUI EST DE DROIT ET DE CE QUI NE L'EST PAS. »

Il le faut bien ainsi, sous peine de nier que Dieu, *ordonnateur* de toute chose, soit l'auteur de l'ordre social.

Or, nous connaissons maintenant ces *lois générales* qui sont les signes certains de *ce qui est de droit et de ce qui ne l'est pas.* Nous les avons exposées et étudiées longuement à la lumière, à la pure lumière du dogme évangélique, interprété par les Pères, par les docteurs, par les conciles, par les Papes. Nous connaissons les lois fondamentales de la Constitution quinze fois séculaire de la France ; nous savons que l'avenir est fils du passé, que le temps ne conserve que ce qu'il a contribué à fonder, qu'un peuple qui s'affaiblit doit se retremper dans ses principes, dans ses commencements, que les principes qui ont créé un peuple et l'ont conservé à la tête des nations en lui méritant le titre *de fils aîné de l'Église*, peuvent seuls le restaurer et le sauver. Nous savons, d'autre part, que la Révolution anti-chrétienne, fille de Luther et de Voltaire, unit dans sa haine et dans sa négation toutes les traditions de la France, la vérité religieuse et la vérité politique, et nous en concluons que ce qu'elle nie est voulu de Dieu et doit être restauré pour le salut de la nation, pour le salut des âmes, pour le triomphe de l'Église.

Mais indépendamment des lois générales, nous avons des marques providentielles et des faits éclatants de notre histoire nationale qui nous manifestent visiblement ce qui est de droit et ce qui est de fait, ce qui est légitime et ce qui ne l'est pas.

Le baptême de Clovis, inondant de clartés le berceau de la nationalité française ; la fidélité quinze fois séculaire du royaume très chrétien à l'égard de l'Église ; l'amour, la vénération des Papes pour la France ; la sainteté de Louis IX, la mission de Jeanne d'Arc dont nous avons dit un mot ; l'éloignement de l'hérésie protestante, le retour à la foi catholique après un siècle d'incrédulité et le plus épouvantable des cataclysmes providentiels ; un roi martyr, confessant la foi avec l'épiscopat, le clergé et des millions de Français fidèles !... Ah ! n'y a-t-il pas, dans tout cela, le doigt de Dieu indiquant la loi du devoir à notre génération malade de révolution et d'athéisme ?... Il faut être aveugle pour le nier !

Mais descendons dans les faits humains et consultons l'histoire : elle va nous tracer en lettres de feu et de sang, la marque de ce qui est de droit et de ce qui est de fait, de la légitimité et de l'usurpation, dans les régimes qui se sont succédé en France depuis 1789.

Indépendamment de la question doctrinale, les partis de révolution se reconnaissent à ce double fait, éclatant comme la lumière du soleil :

Les partis de révolution sont tous arrivés au pouvoir par des voies illégitimes et illégales, par un fait de révolution, et tous ont laissé la France amoindrie, livrée à l'anarchie, ou à l'invasion étrangère.

La première République ne s'implante que par la violation formelle des mandats de la nation proclamant dans ses cahiers la monarchie héréditaire et représentative. Un monceau de ruines, une mer de sang porte au pouvoir le Directoire ; le 18 brumaire, violent coup d'État, élève le Consulat et l'Empire ; une révolte, une insurrection parisienne, une criminelle usurpation de famille intronisent la royauté de Juillet ; une révolution violente, l'usurpation d'un gouvernement provisoire sans mandat proclame la République de 1848 ; le deux Décembre, le complot brutal d'une nuit sanglante, porte au pouvoir Napoléon III... et nous aboutissons au coup de main du 4 Septembre accompli en face de l'étranger. De ce coup de main est née la République Wallon, d'où est sortie la République Cazot !...

La Restauration de 1814 fut acclamée par la nation entière, elle fut un principe de nécessité, elle sortit de la logique d'une situation qui mettait la France au bord de l'abîme, et s'accomplit au milieu de l'enthousiasme universel, selon le républicain Carnot, à la satisfaction de tout les partis, selon Benjamin Constant, malgré l'étranger, selon Augustin Thierry et M. Thiers (1).

La Restauration après avoir restauré nos finances, replacé la France au premier rang dans le concert européen ; élevé le pays à un état de prospérité inouïe ; ramené au point de vue des lettres, des arts et des sciences, comme un résumé du XVIIe siècle, la Restauration délivra la Grèce et succomba sous les coups d'un libéralisme menteur en léguant à la France deux cents lieues de côtes en Afrique.

Comment a fini la première République ? Dans le sang. Comment a fini le premier Empire ? Dans une double invasion. Comment a fini Louis-Philippe ? Dans la révolution du mépris, au milieu de son propre abaissement signalé par le prince de Joinville lui-même ! en nous léguant le socialisme de 48. Comment a fini la deuxième République ? Encore dans le sang des martyrs de Mai et de Juin, nous léguant l'Empire. Comment a fini le deuxième Empire ? Ah ! mon Dieu, Dieu vengeur de l'iniquité politique, vous nous l'avez montré le colosse au pied d'argile, s'écroulant dans la plus lamentable des défaites, dans la plus funeste des invasions, nous léguant la hideuse Commune, la perte de deux provinces, de dix milliards, du plus pur de notre sang inondant les champs de bataille de la honte !

Comment finira la troisième république ? La logique souveraine répondra pour nous.

Et l'on veut que le doigt de Dieu ne soit pas présent dans ces quatre-vingt-dix ans d'histoire et de leçons visiblement providentielles.

Et l'on vient proclamer le culte du succès, la légitimité des faits accomplis !

---

(1) Voir les preuves historiques dans notre *Question du XIXe siècle*, Dentu, 1866, pages 412 et suivantes.

Finissons, en faisant planer sur cette doctrine funeste la condamnation de Pie IX lui-même, du *Syllabus* : écoutez, ceci est décisif pour des catholiques :

Le *Syllabus*, paragraphe VII, condamne les propositions suivantes :

« Le droit consiste dans le fait matériel ; tous les devoirs des hommes sont un mot vide de sens, et tous les faits humains ont force de droit. »

« L'autorité n'est autre chose que la somme du nombre et des forces matérielles. »

(C'est la condamnation du Césarisme plébiscitaire.)

« Une injustice de fait couronnée de succès ne porte aucune atteinte à la sainteté du droit. »

« Il est permis de refuser l'obéissance aux princes légitimes et même de se révolter contre eux. »

Eh bien ! peut-on être catholique sans être légitimiste ? Peut-on, indifféremment, soutenir comme légitimes tous les pouvoirs de fait ?

Avons-nous démontré l'orthodoxie de la politique légitimiste ?

N'avons-nous pas le devoir de ramener la raison publique égarée vers ces doctrines de salut ?

Nous le demandons aux *catholiques avant tout* et à Monseigneur Guilbert.

VI.

La Révolution, en détruisant l'unité de l'esprit public qui s'était manifestée d'une façon éclatante dans les vœux exprimés par les cahiers de nos quarante-quatre mille communes, la Révolution divisa la France en partis rivaux : parti d'empire, parti de république, parti de royauté bâtarde. Au-dessus de ces partis luttant les uns contre les autres, et se renversant violemment et alternativement, depuis trois quarts de siècle, plane la constitution naturelle de la France, l'ensemble des principes constitutifs, qu'on peut nier mais qu'on ne détruit pas, qui triomphent même indirectement par les maux que leur négation produit. Ces principes sont le principe chrétien, le principe monarchique, le principe de liberté représentative, le principe municipal, le principe territorial. L'opinion se divisa en autant de fractions qu'il y a de principes et les partis furent créés : le parti catholique pur, le parti royaliste, le parti républicain, le parti orléaniste, le parti bonapartiste. L'exclusivisme des partis et leurs malentendus constituent toute la force de la Révolution : réunir tous les partis dans l'unité des principes qui ont constitué la France, c'est restaurer l'unité de notre esprit public, c'est finir la Révolution. Nous avons montré l'accord de la royauté et de la nation, en 1789, sur les principes constitutifs de notre pays ; nous avons montré le petit-fils de saint Louis et d'Henri IV, proclamant de nos jours son entière adhésion à ces mêmes principes constitutifs. Quand l'heure de Dieu sera venue, l'accord entre la royauté des siècles et le peuple français se rétablira et tout sera sauvé.

La Révolution a divisé l'opinion publique en partis ayant chacun leur couleur, comme le prisme divise le rayon solaire : rétablissez l'unité des esprits, supprimez le prisme, les couleurs disparaissent pour faire place au rayon primitif, au rayon blanc (1).

L'opinion légitimiste n'est plus aujourd'hui un parti car elle proclame, dans son programme, toutes les lois constitutives du pays, tous les principes séparément défendus et faussés par les partis de Révolution.

Concluons avec le R. P. Félix :

« L'heure est venue de déployer tout son drapeau, et d'affirmer partout et devant tous la vérité religieuse et sociale, et non plus seulement la vérité partielle, mais la vérité totale. Il faut en finir avec ces opinions moyennes, et surtout avec ces conciliations mal avisées qui tournent toujours, plus ou moins, au profit de l'erreur et au triomphe du mal. Le radicalisme de la négation ne peut être vaincu que par le radicalisme de l'affirmation.

» *Royalistes comme le Roi, catholiques comme le Pape,* voilà qui est clair, loyal et noblement fier.... Quels que puissent être les mauvais jours qui nous restent à traverser, soyez-en bien assurés, la victoire définitive n'est pas douteuse, elle appartient à la pleine affirmation du vrai, et à la complète révolution du bien. »

---

(1) Cette belle image que nous rappelons de mémoire, est de M. de Lourdoueix.

RÉSUMÉ ET CONCLUSION

I.

Ce qui vient d'être dit nous montre en quoi consiste l'accord de la politique et de la religion, et pourquoi nous appelons politique chrétienne notre doctrine de légitimité et de droit public français.

Cela étant, on comprend que le progrès des idées religieuses soit rendu presque impossible et fasse place à un indifférentisme et à un athéisme pratique de plus en plus audacieux, tant que la France demeure en état de révolution, en état de révolte contre la loi morale, fondement de la politique chrétienne. On conçoit que les intérêts catholiques et la liberté des catholiques soient sacrifiés et livrés à toutes les déceptions, à tous les mépris, sous l'action néfaste des pouvoirs de fait, des gouvernements usurpateurs.

L'expérience, le douloureux enseignement de nos récents désastres, et la persécution jacobine de l'heure actuelle ont, sur ce point, ramené aux doctrines légitimistes les hommes religieux de l'ancien parti catholique qui avaient cru pouvoir accepter les gouvernements de fait établis en violation des principes traditionnels de notre droit public. La lumière est faite désormais ; l'accord est rétabli sur le terrain de la morale catholique, c'est-à-dire universelle comme la vérité.

II.

De ces considérations générales, nous devons conclure avec l'expérience et la raison que les grands problèmes relatifs aux saines réformes sociales, aux progrès de la foi chretienne, au triomphe de la vérité religieuse dans l'enseignement à tous les.

degrés, à la moralisation des classes populaires, sont tenus en suspens par cela seul que la France catholique et monarchique voit son génie traditionnel étouffé par le génie de la Révolution. L'usurpation et la violence tenant, dans l'ordre politique et social, la place de la justice et du droit, la liberté du bien est impossible. Tous les éléments de succès sont au service de l'erreur.

Aussi voyez l'Église subir le contre-coup des épreuves de la France. L'ordre naturel a été troublé dans ses profondeurs au milieu de nous, il l'a été ensuite chez les nations voisines ; il l'a été dans l'usurpation criminelle des droits temporels du Pape ; aussitôt, comme si Dieu voulait nous montrer par les faits les plus éclatants, la nécessité de l'union, de l'accord des deux ordres temporel et spirituel, l'ordre spirituel a été troublé à Rome et dans une grande partie de l'Europe, par la persécution de l'Église, contre la vérité religieuse, contre les pasteurs et les troupeaux.

Certainement l'Église immortelle est invincible, et nous savons tous que l'enfer brisera ses forces contre la pierre angulaire ; mais, dans ce siècle, on avait trop méconnu la divinité des lois sociales, la divinité des lois de l'ordre moral, sur lesquelles se fondent les sociétés politiques. Des hommes religieux avaient considéré comme secondaires les questions de légitimité. La morale avait disparu de la politique. Mais la voix de Dieu s'est fait entendre dans les évènements, et les épouvantables ruines des pouvoirs usurpateurs tombant les uns sur les autres, sont venus secouer la torpeur de ceux-ci, punir l'orgueil de ceux-là, réveiller la conscience de tous.

Le 21 janvier 1793 a eu pour dernière conséquence, après la Terreur, après l'Empire, après le sac des églises, l'immolation de nos prêtres, l'incendie de nos villes, la ruine de nos intérêts moraux et matériels, la perte de nos provinces ; le 21 janvier a eu pour conséquence dernière le calvaire de Pie IX !

On avait séparé la politique de la religion, séparé la légitimité des rois et des peuples de la morale chrétienne.... Aujourd'hui le Pontife suprême, le saint vieillard du Vatican, prisonnier de la

Révolution, semble attendre, pour le triomphe de l'Église, l'heure de la France qui sera l'heure de Dieu.

Oui, toutes les questions sont en suspens. Rien ne peut être résolu à l'intérieur et à l'extérieur, en France et en Europe, que par le triomphe de cette Royauté française qui fut et redeviendra, pour le bonheur des nations, le soldat de Dieu, la gardienne de l'ordre naturel.

Est-ce à dire que nous devons nous croiser les bras et laisser couler le torrent révolutionnaire en attendant qu'il soit épuisé ? Loin de là ; nous devons nous aider pour que Dieu nous aide. L'histoire est l'œuvre de la liberté humaine collaborant avec la providence de Dieu.

Nous devons travailler, relever les cœurs, rectifier la voie, éclairer les esprits. Nous devons ramener cette génération malade de scepticisme au culte des principes. Nous devons faire plus : il nous faut préparer par l'étude et la discussion les éléments des grands problèmes sociaux dont la solution sera due au triomphe complet du droit. Nous abrégerons d'autant cette cruelle période d'épreuves. Dieu tiendra compte de nos luttes en leur faisant produire des fruits de réconciliation et de paix.

L'ordre social est troublé. Mais n'accusons pas seulement les classes populaires. L'exemple est descendu d'en haut. Les classes dirigeantes ont manqué de foi, d'espérance et de charité. Les mœurs perverties ont apparu d'abord sur les sommets.... et, comme des torrents, elles ont ravagé la plaine.

III.

Le Dieu du pauvre et du petit est le Dieu des nations éprouvées, des nations souffrantes et malheureuses, c'est le Dieu né dans la crèche et mort sur la croix.

Royalistes catholiques, voilà le signe qui nous donnera la victoire.... Voilà la sève qui manque à l'arbre de nos réformes ; voilà l'enseignement, voilà l'école du genre humain : une crèche, une croix, un tombeau vide : l'humilité, l'épreuve et la résurrection triomphante. *Dieu fit les nations guérissables* ; la France catholique redeviendra la reine des nations, car, dit Bossuet, tout ce qui se fait contre ses lois fondamentales est nul de soi.... Écoutons aussi Lamennais :

« Une des plus dangereuses folies de notre siècle, est de s'imaginer que l'on constitue un Etat et qu'on forme une société du jour au lendemain, comme on élève une manufacture. On ne fait point les sociétés ; la nature et le temps les font de concert.... On écrit sur un morceau de papier qu'on est une monarchie ou une république, en attendant qu'on soit en réalité quelque chose. Mais il y a une loi immuable contre laquelle rien ne prévaut : Toute société qui, étant sortie des voies de sa nature, s'obstine à n'y point rentrer, ne se renouvelle que par la dissolution ; il faut, ainsi que l'homme, qu'elle traverse le tombeau pour arriver à la vie une seconde fois. »

Pour la France, nation privilégiée, le tombeau touche à la résurrection. L'avenir est fils du passé : Quinze siècles de Catholicisme et de Monarchie ne peuvent enfanter un avenir de démocratie athée.

Élevons nos cœurs vers cette vérité. Français de toutes les conditions, prêtres, gentilhommes, ouvriers, artisans et artistes, écrivains et laboureurs, nous avons tous à nous réconcilier dans la vérité qui nous rendra libres ; nous avons tous à refaire la France par le travail, par la prière, par le retour à nos traditions religieuses et politiques.

G. VÉRAN.

Angers, imp. Germain et G. Grassin, rue Saint-Laud. — 1276-80.